PLVS PENSER QVE DIRE.

ORDONNANCE

& Placcart des Archiducqz noz Prin-
ces souuerains sur le fait du cours & per-
mission des monnoyes & aultres
choses en dependantes.

EN ANVERS
Chez Hierosme Verdussen, l'An 1612.
Auecq grace & Priuilege.

Par les Archiducqz.

Noz amez & feaulx les Gouuerneur, Preſident & gens de noſtre Conſeil Prouincial d'Arthois, ſalut & dilection: Combien que nous euiſſions eſperé que le Riglement par nous donné au cours des monnoyes le xxij. Iour de Mars de l'annee paſſé, ſuiuant l'aduis ſur ce rendu le troizieſme du meſme mois, par les Deputez de noz bonnes villes, à ces fins par nous aſſemblez en ceſte noſtre ville de Bruxelles, euſt fait ceſſer les deſordres qui ſe commettoyent au faict deſdictes monnoyes, au treſgrand dõmage, & interreſt irreparable de noz bons ſubiectz, toutesfoiz nous ſommes informez (contre noſtre eſpoir & intétion, & à noſtre treſgrãd deſplaiſir & regret) que les pris deſdictes mõnoyes va de iour en iour, de plus en plus accroiſſant, & que s'il n'y eſt en brief pourueu & remedié, le tout ira en deſordre, & confuſion extreme, ledict mal procedant principallement de l'auarice inſatiable d'aulcuns Marchans, qui font gaing & trafficq deſdictes monnoyes, à la ruyne, & deſtruction entiere de noſtre poure peuple, ne cognoiſſant poinct que par ledict rehaulſſement des monnoyés, ils s'appourit, ainſi ſe perſuade que ſoubz vmbre qu'il compte par quantité & ſommes plus grandes, il s'acquiert plus de richeſſes, & auſſi de la negligence de noz Fiſcaulx, Magiſtratz, & Officiers, auſquelz l'execution de noſtre dict Placcart a eſté commiſe, & par nous tant recommandée. Parquoy nous, qui n'auons rien plus à cueur que de preſer-

uer noz pays, & ſubiectz de tous dommaiges, auons par l'aduis de
noz Conſeilz d'eſtat Priué, & des Finances trouué bon de faire
republier noſtredict Placcart, & à fin qu'il ſoit tant mieulx gardé
entretenu & obſerué, auons ſtatué, & ordonné, ſtatuons, & ordo-
nons les pointz cy apres contenuz, tant par côfirmation de noz
Placcars precedens, que par ordonnance nouuelle, & accroiſſe-
ment des peines ſtatuées contre ceulx qui ſeront trouuez y contreuenir, le tout par maniere de prouiſion, & iuſques à ce qu'auec
meilleure occaſion, & pour le plus grand bien de noſdictz pays &
ſubiectz y ſera par nous aultrement pourueu.

I.

Remierement auons voulu, & ordonné que nulle perſonne qui ce
ſoit né pourra deſliurer, ny recepuoir aulcunes eſpeces de monnoye
d'or, ou d'argent que celles qui ſont permiſes par noſtre dict Placcart
du xxij. de Mars ſeizecens vnze, ny à plus hault pris que celuy par
nous tolleré: Voulans & ordonans bien expreſſement, que les pris, & pois
des monnoyes ſtatué par ledict Placcart ſoit punctuellement obſerué, & entretenu, ſans y contreuenir en aulcune maniere que ce ſoit, ſoubz les paines,
& amendes declairés par iceluy, ou cy apres ſtatuées.

II.

Bien entendu qu'au lieu que par noſtre dict Placcart eſt dit, que pour chacun as de default du pois d'or oultre les deux de remede iuſques à ſix, inclu-
ſiuement, l'on payeroit vng pattart, nous voulons & ordonnons que pour le
default de chacun deſdictz as, ou grains l'on payerat pattart & demy, faiſant
trois groz de noſtre monnoye de Flandres.

III.

Voulons auſſi en confirmant ce que par nous a eſté ordonné le diſſeptieſme
de Nouembre dernier, que ſi quelqu'vn ayant reçou aulcune eſpece,
ou eſpeces de monnoyes deffendues, ou bien aulcunes permiſes à plus hault
pris

pris qu'il n'est dit par ledict Placcart, vient denuncer, ou declarer aux iuges,
ou officier du lieu ou du ressort d'iceluy, en dedans vingt quatre heures apres
ladicte reception, de qui il aura receu lesdictes especes, il ne soit point seulle-
ment quicte & deschargé de l'amende, & confiscation par luy encourue, pour
auoir contreuenu à nostre dicte ordonnance par ladicte reception, ains qu'il
prouffictera en oultre de la part accordée par nostre dict Placcart, ou aultres
precedens, au denunciateur.

IV.

Mesmes que de sadicte declaration il soit creu à son serment, pourueu que
la somme par luy receue & denuncée, n'excede cincquante florins vne fois,
& si oultre le sermét dudict denúciateur l'on peult prouuer par deux, ou trois
tresmoings que le dict accusé auroit encores depuis la publication de ce-
stes receu, ou donné à eulx, ou à aultres quelques pieces d'or ou d'argét deffendues, ou à plus hault pris qu'il n'est permis, Nous voulons que le dire desdictz tesmoings, ores que parlans d'actes diuers, & singuliers soit tenu pour
preuue souffisante pour condamner ledict accusé és amendes pecuniaires
contenues amdict Placcart, ou cy apres ordonnees, ores que la somme par luy
receue excedà cincquante florins vne foiz.

V.

Voulós en oultre, & ordónons que ceulx qui vouldrót deferer quelqu'vn
d'auoir contreuenu à nostre dict Placcart des monnoyes, se pourront à ces
fins addresser soit au iuge ordinaire du lieu, soit à quelque superieur d'iceluy
par preuention.

VI.

Et si le iuge auquel il se sera addressé, ne luy administre sommierement Iu-
stice, il se pourra pourveoir pardeuant le Superieur d'iceluy.

VII.

Et afin que nostre dict Placcart soit tát mieulx entretenu, & obserué, nous
auons, en rafrechissant ce que par ordonnances precedentes a esté commádé

A 3

en ce

en ce regard mesmes par le Placcart du iiii. d'Octobre quinze cens & quatre vingt & cinq, statué & ordonné, statuons, & ordonnons par ceste que
tous ceulx qui presenteront quelques especes d'or, ou d'argent, non permises, ou euualuees par nostre dict Placcart dernier, ou à plus hault pris qu'il ne
conuient, fourferont lesdictes pieces, & especes ou le valeur d'icelles & pardessus ce, tant celuy qui les presentera, que celuy qui les recepura, seront
pour la premiere foiz condápnez au quadruple de la valeur de chascune piece, valissant vng florin & dauantaige, & au regard de celles valissans moins
d'vng florin, en l'amende de vingt pattars pour chascune piece & pour la
deuxiesme foiz, ilz seront pardessus semblable amende, banniz des pays de
nostre obeyssance, le temps de cincq ans, & si ceulx qui seront attaintz &
conuaincuz de ladicte contrauention sont marchans tenans bouticques, &
vendans en detail, ilz seront pardessus les paines statuees par la premiere, &
seconde contrauention suspenduz de leur trafficq, & leur seront leurdictes
bouticques fermees le temps de trois mois, & s'ilz sont Marchans en groz ou
negotians, ilz seront constrainctz de s'absenter de la ville de leur residence le
temps d'vn an.

VIII.

Et si quelcû fust trouué auoir apporté, ou fait apporter des prouinces voi-
sines quátité notable desdictes pieces, declairees billon, ou aultres cy apres
defendues, pour estre par trop rongees, ou d'en auoir fait amas, & eschillé
aulcunes, ou les auoir retenu en leurs maisons l'espace de six iours, sans les
auoir porté ou enuoyé en noz monnoyes, ou les auoir liuré es mains des
changeurs fermentez à ce ordonnez, nous voulons, qu'oultre la perte desdictes pieces, il soit puny, & chastié des amendes, & paines contenues en l'arti-
cle immediatement precedent.

IX.

Et pour descouurir ceulx qui premiers ammeneront, ou apporteront quelque quantité desdictes pieces, tous ceulx soubz qui seront trouuees telles
pieces, seront enquiz & examinez par serment dont icelles luy sont venues,
& ainsi de personne en personne, iusques à ce que lon paruienne à celuy qui
premier les aura apporté ou faire venir, & seront en tel cas ceulx qui sans aultre contraincte seront veritablement telles declaratiós, quitte, & deschargez
des paines, & amendes par eulx encouures à ceste occasion.

Declar-

Declairans qu'en tous cas de contrauentions à noſtre dict Placcart dernier & à noſtre preſente ordonnance, tous Marchans negotians ou faiſans
trafficq en groz, ou en detail ſeront tenuz, & reſponſables du fait de leurs ſeruiteurs, caſſiers, ou aultres par eulx employez pour faire, ou receuoir quelque payement, & ſeront puniz de meſme ſorte comme ſi leſdictes contrauentions euiſſent eſté commiſes par eulx meſmes.

XI.

Et afin que noz bons ſubiectz ne ſoyent par trop intereſſez, ains qu'ilz
puiſſent promptement recepuoir la valeur des pieces d'or & d'argent declairees pour billon, nous ordonnons aux Maiſtres generaulx de noz monnoyes
de faire mettre en chaſcune bonne ville de noſdictz pays des changeurs ſer-
mentez pour recepuoir leſdictes pieces deffendues, ou aultres legeres, dont
le cours n'eſt par nous toleré, & en payer le iuſte pris ſelon la tauxatió qui en
ſera faicte par leſdictz generaulx de noz monnoyes, qu'ilz deburont expoſer
en leurs bouticques à la veue d'vn chaſcun, & incontinent ciſeler, & tailler en
deux leſdictes pieces, & eſtans ainſi ciſelees, les enuoyer en noſdictes monnoyes, ſans les pouuoir retenir en leurs maiſons à paine de confiſcation d'icelles, & du quadruple de leurdicte valeur.

XII.

Voulons auſſi, & ſtatuons, que ſi noz recepueurs, ou ceulx de noz eſtatz,
villes, chaſtellenies, & aultres communaultez, & aultres noz officiers ayans
maniance de noz deniers, ou domeine, ſont trouuez contreuenir à noſtre dict
Placcart ſoit en receuant, ou payant eulx meſmes, ou par leurs commis, Caſſiers, ſeruiteurs ou domeſticques, ilz ne ſoyent point ſeulement condamnez
és paines & amendes ſuſdictes, mais en oultre priuez de leurs dictz eſtatz, &
offices, & les en auons dez à preſent, pour lors priuez, & priuons par ceſtes, &
declairez leſdictz offices vacans, & impetrables incontinent qu'il apparoiſtra
de la dicte contrauention.

XIII.

Commãdans à tous, & chaſcũ de noz Officiers & Magiſtratz de noz bônes
villes, pays & chaſtellenies qu'en dedans vng mois apres la Publication des
preſentes

presentes,ilz & chascun d'eulx à par soy aduertissent ceulx des Conseilz prouinciaulx,& Sieges Royaulx où ilz resortissent,si ledict Placcart y est obserué & les debuoirs qu'ilz auront fait en ce Regard,& continuent de faire la mesme aduertence,de trois mois en trois mois,à paine qu'en cas de default, ou qu'és marchez, boucheries, ou aultres lieux publicqz y aye contrauention manifeste, sans chastoy,ilz seront puniz seuerement,& exemplairement.

XIV.

Ordonnons aussi aux Fiscaulx de tous noz Conseilz que de trois mois en trois mois,ilz nous escripuent ce qu'ilz auront trouué par lesdictes aduertences,ou d'ailleurs aurons entendu, touchant l'obseruation de nostre dicte ordonnance,addressant leurs lettres és mains de nostre Audiencier & premier Secretaire, qui en donnera son Recepisse,& que sans aulcune conniuence,ou dissimulation,ilz procedent contre les transgresseurs,& les facent condamner és paines,& amendes cy deuant ou apres ordonnees,à paine que s'ilz ne le font,& sont attaintz & conuaincuz d'auoir vsé de conniuence ou dissimulation,ilz seront priuez de leurs estatz & offices,lesquelz seront & dez à present pour lors les declairons impetrables,& vacans.

XV.

Sans que nosdicts fiscaulx,ou aultres officiers,puissent composer desdites amendes soubz quelque couleur ou pretexte que ce soit,à la mesme paine de priuation de leursdictz estatz & offices que dez à present pour lors declairons estre vacans & impetrables.

XVI.

Sans aussi que les president,ou gens ne noz Conseilz,ou aultres iuges puissent moderer lesdictes paines,ou soubs pretexte quel que ce soit deschargez les transgresseurs de nostre dicte ordonnance à paine d'encourir nostre Indignation,ains voulons que toutes lesdictes paines,& amendes soient executées Reellement,& de fait sans faueur,conniuence,ou dissimulation, n'entendant que ceulx de nosdictz conseils,ou aultres iuges ,ny aussi nosdictz fiscaulx, ou aultres Officiers se puissent excuser soubs vmbre qu'en aulcuns lieux l'on côtreuiendroit publicquement à nostre dicte ordonnance ,à quoy ne voulons estre prins esgard ny à aultre excuse semblable.

XVII.

XVII.

Deffendons auffi en conformité de nos ordonnances præcedentes, à tous
nos fubiects ou aultres, de quelque qualité & condition quils foient, de ron-
ger aulcuns deniers d'or, ou d'argent de noftre forge, ou d'aultre par nous to-
lerez ny de les lauer auec eaue forte, ciment ou autrement diminuer de leur
pois, à paine de confifcation de corps & de biens, & commandons à tous noz
Officiers de s'imformer bien foigneufement de ceulx qui auront cy deuant
contrefaict, forgé, preffé, ou jetté en fable aulcune monnoye faulfe ou adul-
terine, ou le feront à l'aduenir de quel coing, matiere, eftoffe, ou metal que
ce puiffe eftre, enfemble de ceulx qui lauront efchillée, ou efchilleront, foit
és pays de noftre obeiffance ou aillieurs, auront aydé, ou aideront fciemment
à la tranfporter ou efchiller, ou auront faict ou feront fciemment aulcuns in-
ftrumens à ce feruans, & voulons que contre les dicts delinquans l'on pro-
cede rigoreufement, foit par confifcation de corps & de biens, ou aultrement
felon l'exigence du cas, grauité & circonftances du delict.

XVIII.

Interdifons en oultre à toutes perfonnes quelzconques d'achapter ou
vendre aulcunes efpeces de monnoye d'or & d'argent permifes, ou tollerées
par noftre Placcart, ou en donner aulcun prouffit ou gaing, à peine de confifcation des dictes efpeces, & que tant le vendeur, que l'achapteur feront
pour la premiere fois condampnez au double de la valeur defdictes pieces,
& pardeffus ce fufpenduz l'efpace de fix mois de leur trafficq, ftil, ou meftier
& s'ilz y retombent la feconde fois, ilz feront pardeffus femblable confifcation defdictes pieces condampnez au quadruple de la dicte valeur, & en ou-
tre banniz des pays de noftre obeiffance le temps & terme de trois ans.

XIX.

Deffendons pareillement à tous de bicqueter, & choifir des efpeces d'or
ou d'argent pour faire prouffit à les refondre & tranfporter hors des dicts
pays de noftre obeyffance, aux mefmes paines, voires plus griefues & corpo-
relles, felon l'exigence du cas.

XX.

Faifons auffi deffenfes, & inhibitions bien expreffes à tous de quelconque
eftat, qualité, ou condition ilz foient, de mener aux monnoyes eftrãgieres ou

B

aultres

aultres que les noſtres directement ou indirectement aulcuns deniers d'or
ou d'argent de noſtre coing,& forge,ou d'aultre par nous permis ,& tolle-
rez,ny pareillement aulcuns deſdicts deniers rongez ou declairez billon
fonduz en maſſe,ou lingotz,ny aultre matiere quelconcque prope à forger
monnoye,à paine de fourfaire,ledict or,ou argent,& de payer pardeſſus ce
deux cens doubles ducatz pour chaſcun marcq d'or. & vingt pour chaſcun
marcq d'argent,& du plus ou moings à l'adueuant,& d'eſtre ſuſpenduz de
leur trafficq,ſtil,ou meſtie rle temps d'vng an pour la premiere foiz,& pour
la ſecunde d'eſtre puniz corporellement ou banniz des pays de noſtre obe-
eyſſance le temps de trois ans ſelon l'exigence du cas.

XXI.

Et tous ceulx qui ſciemment auront aydé à pacquer, ou tranſporter, leſdictz deniers,ou matieres appertenans à aultruy ſeront chaſtiez, & puniz
arbitrairement par banniſſement ou punition corporelle ſelon la qualité du
fait,& des perſonnes.

XXII.

Item pource que le droit & authorité d'achapter billon compete, & ap-
pertient à nous ſeuls, & à ceulx qui de noſtre part ſont à ce expreſſement
commis,deffendons à tous d'achapter és pays de noſtre obeiſſance aulcunes
matieres d'or ou d'argent,ou changer aulcunes eſpeces de monnoye tenues
ou declairées pour billon,ſans eſtre à ce authoriſez par lettres & inſtruction
deſdictz Maiſtres generaulx de noz monnoyes,& auoir fait le ſerment à ce
pertinent,ſur paine de confiſcation des matieres ou eſpeces ainſi achaptées,
ou changées,& du double de la valeur d'icelles, pour la premiere fois, &
pour la ſecude fois du quadruple,& d'aultre correction arbitraire,Saulf que
les orfebures en pourront achapter ce qu'ilz en auront de beſoing pour lea-
lement exercer leur meſtier,ſelon & en conformité de noſtre ordonnance
faicte en leur regard.

XXIII.

Deffendons auſſi à tous & vng chacun de quelle qualité qu'il ſoit, de
vendre ou achapter aulcunes matieres reputeés ou tenues,pour billõ, à plus
hault

hault pris que ne portent les ordonnances de noz monnoyes à paine de confiscation desdictes matieres ou especes ainsi vendues,& du double de la valeur d’icelles,à prendre tant sur l’achapteur que le vendeur pour la premie-
fois,& du quadruple oultre ladicte confiscation pour la deuxiesme fois, &
pardessus ce de correction arbitraire.

<h1 style="text-align:center">XXIV.</h1>

Interdisons aussi à tous Orfebures de rompre,briser,ou fondre en quantité aulcunes especes de monnoye d’or ou d’argent par nous permises , sans
en faire aduertence preallable au doyen ou aultre chef du dict mestier, ensemble du nom de celuy dont lesdictes especes auront esté receues, lequel
doyen ou aulte chef dudict mestier sera obligé de tenir note & regiſtre desdictes declaratiõs,& les exhiber aux Maiſtres generaulx de noz mõnoyes de
demy an en demy an , à paine de par lesdictz orfebures payer la valeur desdictz deniers par eulx ainsi brisez en quantité,sans auoir fait ladicte aduertence, & en oultre le quadruple d’icelle , & de par ledict doyen ou chef
ayant obmis d’en tenir regiſtre la somme de cent florins pour chascune ob-
miſſion.

<h1 style="text-align:center">XXV.</h1>

Et combien que nous auons cy deuant toleré que noz subiectz pourroëyt
à leur risque,& peril recepuoir les especes de monnoye d’argent permises
par noſtre dict Placcart,ores que nayans le pois declairé par iceluy, pour ce
que l’on n’a vsé pardeça de peser lesdictes monnoyes d’argent,nayans defendu le cours,sinon de celles eſtanz visiblement rongées, vsées ou notablemét
diminuées de leur vray pois declairé par ledict Placcart, toutesfoiz comme
nous sommes aduertiz que desia en aulcuns aultres pays l’on a defendu le
cours desdictes monnoyes d’argent trop legieres,& qu’en aulcuns aultres à
nous voisins,l’on eſt en termes de faire le mesme,par ou il eſt à craindre que
toutes les monnoyes d’argent rongées, vsées,& foibles s’apporteront es prouinces de noſtre obeiſſance à l’indicible dommage & intereſt de noz bons
subiectz:Nous desirans d’y pouruoir de bonne heure, auons deffendu, &
deffendons à tous de presenter ou recepuoir aulcunes monnoyes d’argent,
n’ayans le poix porté par noſtre dict Placcart dernier au remede y declairé de
chascune piece reſpectiuement,ains les auons declairees, & declairons bil-

B 2

lons,

lons, & deffendues, aux mesmes paines que cy deuant est dict, tant contre ceulx qui les presenteront, que ceulx qui les recepueront.

XXVI.

Si ordonnons ausdicts Maistres generaulx de noz monnoyes de faire faire des pois pour peser lesdictes especes de monnoye d'argent par nous permises comme il en y a pour peser celles d'or, & d'en faire garnir les bicquetz, à fin que chascū puisse sçauoir quelles pieces auront leur iuste pois, au remede declairé par nostre dict Placcart, & quelles seront trop legeres, & à ceste cause par nous declairees billon.

XXVII.

Et iaçoit que par nostre dict Placcart dernier, nous ayons aussi toleré les vieux patars forgez pardeça tant au parauant l'an quinze cens, vingt, que certain temps apres, au pris de trois groz monnoye de Flandres la piece, & les demyz à l'aduenant, pourueu qu'ilz fussent de belle mise, neantmoins comme l'on a nagueres de tous endroitz enuoyé pardeça tresgrande quantité desdictz vieux patars & demy patars la pluspart vsez, & trop legers, nostre vouloir est que personne ne sera tenu de receuoir si non ceulx qui sont de belle mise, & encores poinct d'auantaige qu'à raison de quattre pour cent de la somme dont se fera payement.

XXVIII.

Mandons en oultre, & commandons qu'en l'adiudication des paines, & amendes cy deuant declairées, soit procedé sommierement, & de plain, sans forme, ny figure de proces, & que soyent receuz, & admis en tesmoignage ceulx qui auront receu aulcunes desdictes pieces deffendues, & que toutes sentences, ou appoinctemens qui seront sur ce donnez, ou renduz serōt executez, non obstant opposition, ou appelation quelconcque, & sans preiudice d'icelles, & si auant que les delinquans n'ayent moyens suffisans pour satisfaire aux paines, & amendes pecuniaires; nous voulons icelles estre conuerties en punition corporelle selon l'exigence du cas.

XXIX.

Declairons que toutes lesdictes confiscations, fourfaictures, & amendes pecuniaires seront applicquables pour vng tiers à nostre prouffit, pour vng
aultre

aultre au prouffit du denunciateur,& pour le troiziefme au prouffit de l'officier qui en fera la calenge,ou execution .

XXX.

Lequel officier pourra recepuoir le tiers dudict denuntiateur pour par fes
mains luy en faire le payement fi auant qu'il ne defire d'eftre cognu.

XXXI.

Et à fin que noftre prefente ordonnance foit tant mieulx & eftroictemét
obferuée,voulons,& declairons nulles,& de nulle valeur toutes conftituti-
ons de rentes,obligations , ou cedules que dorefenauant fe feront procedás
de fommes furnies ou cõptées en tout,& en partie en deniers,ou efpeces d'or
& d'argent non permifes par noftre dict Placcart ou à plus hault pris que ne
porte noftre permiffion,& que perfonne ne pourra rien demander en iugement ou de hors en vertu d'icelles:Pourueu toutesfoiz que ladicte exceptiõ
foit propofée en dedens deux ans apres la reception defdictz deniers , &
qu'elle foit par apres plainement & fuffifamment verifiée.

XXXII.

Ains que celuy qui les ayant ainfi receues en fera l'aduertence & declai-
ration aux iuges,ou officiers & fera non feullement tenu quicte & defchar-
gé de fadicte obligation,mais auffi des paines & amendes par luy encourues,
pour auoir receu lefdictz deniers contre nofdictes deffences & prohibitions
icelles demeurans en leur force,& vigeur contre celuy ayant compté iceulx
deniers auec les paines furce ftatuées & ordonnées.

XXXIII.

Et comme nous entendons auffi à noftre trefgrand regret que plufieurs
changes fe font d'vng lieu de noftre obieffance à l'aultre , pour vng mois ou
deux que l'on dict à vfo,ou double vfo en payant monnoye deffendue, ou à
plus hault pris que ne porte noftre ordonnance,que l'on dict argent courant
pour au lieu d'iceluy receuoir argent permis, & au pris ftatué par noz
ordonnances, par ou noz poures fubiectz font grandement interreffez fig-
namment les necefficux qui n'ont moyen d'attendre , nous auons pro-
hibé,& deffendu changes femblables,les declairans nulz & de nulle valeur,

B 3

& que

& que perſonne ne pourra en vertu ou à tiltre d'icelx rien demander en iugement , ou dehors,ains que celuy ayant receu ledict argent à pris courant ne ſera point ſeullement deſchargé de l'obligation de le rendre,ains ſera en oultre deſchargé des peines par luy encouruës par ladicte contrauention, pourueu qu'il allegue ce que deſſus endedens deux ans apres la reception, deſdictz deniers,demeurant celuy ayant compté leſdictz deniers ſubmis, & obligé auſdictes paines en ſon regard.

XXXIIII.

Deſirans auſſi pourueoir aux deſordres & abuz quel'on à recognu eſtre commis par les Orfebures au faict de leurs ouuraiges tant d'or que d'argét, Nous voulons que noſtre edict,& ordonnance ſur ce faicte au mois d'Octobre,Seizecens huict,ſoit republiée,& punctuellement gardée, & obſeruée ſubz les moderations,& reſtrictions aduiſees en ce regard par ceulx de noz comptes en Brabant à l'Interuention des Maiſtres generaulx de noz monnoyes,que ſeront auſſi publieés auec ceſte noſtre ordonnance.

XXXV.

Demeurant au ſur plus tout ce que a eſté ordonné,& ſtatué par noz ordónances precedentes,& dont n'eſt icy diſpoſé au contraire,ou aultrement,en ſa plaine force,& vigeur,comme s'il fuſt icy repeté de mot à aultre.

XXXVI.

Et à fin que de ceſte noſtre preſente ordonnance perſonne ne puiſſe protendre cauſe d'ignorance,nous voulons,& ordonnons quelle ſoit Imprimée tant en Franſois, qu'en Thiois,& qu'incontinét, & ſans delay la faites publier par toutes les villes & lieux de noſtre pays,& Conté d'Arthois,où l'on eſt accouſtumé de faire criz,& publications,& renouueller icelle publicatió de trois mois à trois mois,ſans attendre nouuelle iuſſion.Et à l'étretenemét & obſeruations d'icelle ordonnance procedez,& faictes proceder contre tranſgreſſeurs,& deſobeyſſans par l'executió des paines & amendes cy deſſus mentionnées,ſans port,faueur ou diſſimulatió.De ce faire, & qu'en depend vous donnons plain pouoir,authorité,& mandement eſpecial , mandons,

dons,& commandons à tous que à vous le faisant, ils obeyssent & entendé
diligémét, Car ainsi nous plaist il. Donné en nostre ville de Bruxelles soubz
nostre contreseel cy mis en Placcart le quatorziesme jour d'Auril, Lan de
grace Mil. Sixcens, & Douze.

Par les Archiducqz en leur Conseil.

Signé   ***Verreycken.***

Et est la dicte Ordonnance seellée du contreseel de leurs Altezes, en forme de Placcart.

*Semblables Placcarts ont esté despechez en langue Françoise
pour Luxenburg, Haynnau, Namur, Lille, Douay & Orchies
Tournay & Tournesiz, Valençiennes, & Cambray, & en
langue Tyoise, pour Brabant, Lemburg, Geldres, Flandres,
& Malinez.*

Ensuyuent icy les figures des especes de monnoye d'or
& d'argent, tollerees & permises par la presente ordonnance au
poidz recité par icelle & audict pris derechief declairé sur icelles,
ensemble decelles de cuyure pour auoir cours en tous les bonnes
villes, lieux & places de leur Altezes Sereniffimes pardeça au prix
ordinaire pareillement mis deffus icelles.

Monnoye d'or.

LE double Ducat à noz coings & armes de poidz & alloy fufdit pefant quatre eftrelins, dixhuict aes & vng quart trebuchãt, vij.flor.
xviij. patars.

Le fingle Ducat aux mefmes coings & armes à l'aduenant.

Le double tiers defdits double Ducatz de quarantefept & dix
dixneufiefmes pieces au marcq, pefant trois eftrelins , vnze aes,
& trois quartz d'aes efcars,   v. pat.v.flor.

Le fingle tiers defdits doubles Ducatz de quatre vingt quatre pieces au marcq, pefant vng eftreling, vingtneuf aes efcars,   ij. flor. xij: pat. vi. deniers Arth.

Le Real d'or de quarantefiy au marcq pefant trois eftrelins, quinze aes vn quart, vi. Flor.

Le demy Real d'or de foixante dix & ving huictifme pieces au marcq, pefant deux eftrelins neuf aes trebuchant.   iij. Flor.

Le Carolus d'or de quatre vingtz & quatre au marcq, pefant vng eftrelin,
vingt neuf aes efcars,   xxxviii.pat.vi,deniers Arth.

Le Efcuz forgez pardeça doiz l'an quinze cens quarante, de foixante vnze
& trois quarts pieces au marcq, pefans deux eftrelins, fept & demy aes
efcars,   iii flor.xii.pat.vi.deniers Arth.

Le Florin S. André forgè pardeça doiz l'an mil cincqcens, foixante fept,
de lxxiiii.pieces,& v. huictiefmes de piece au marcq, pefant deux eftrelins
quatre & demy aes trebuchant,   ij, fl. xviij. pat

Le Florin Philippus de soixante quatorze pieces au marcq, pesant deux estrelins, cincq aes, trebuchant, ij. fl. ix. pat. vi. den. Art.

Le grand Real d'Austrice de seize & demy au marcq pesant neuf estrelins vingt deux aes, vng quart trebuchant, xvi. flor. xv. pa. vi. deniers Arth.

Le Schutquin de soixante treize au marcq pesant deux estrelins, six aes trebuchant,   iij. flor. xij. pat. vi. den. Arth.

Le Thoifon d'or de cincquante quatre & demi au marcq pefant
deux eftrelins trente aes efcars.   v.flor.i.pat.vi.den. Arth.

Le Rydre de Bourgoine de foixante dix au marcq, pefant deux
eftrelins neuf aes trebuchant   iij.flor.xix.pat.

Les Lions d'or tant vieux que nouueaux de cincquante neuf au
marcq pefant deux eftrelins vingt deux aes, trois quartz trebuchant iiij. flor. x.pat.

Le Philippus Clincquart de soixante seize au marcq pesant deux
estrelins trois & demi aes escars,   ij. flor. i. pat. vi. den. Arth.

Le Pieter de Louuain de mesme poidz que ledict Clincquart,
ij. flor. xij. pat.

Le Florin Guilhelmus de soixante douze au marcq, pesant deux
estrelins sept aes trebuchant,   ij. fl. xviij. pat. vi. den. Arth.

Les Nobles de Flandres & aultres forgez au mesme pied, de trentesix au marcq, pesant quatre estrelins quatorze aes, vn quart,
vij. flor. vij. pat. vi. deniers Arth.

Les nobles de flandres,   vij.flor.vijz.

Doubles ducatz d'Espaigne à deux testes n'estans contrefaictz de xxxv. au
marcq pesans iiij. estrel. xviij. aes vng. quart trebuchant,   ij.fl xviij.

Les singles des mesmes à l'aduenant.

Les quadruples à l'aduenant.

Les Escuz Pistolez d'Espaigne de soixante douze au marcq, pesans deux estrelins sept aes, trebuchant,   iii. flor. xi. pat.

Les doubles & aultres de quatre à l'aduenant.

Les Escuz de France de soixante douze au marcq, pesans deux estrelins, sept aes trebuchant,   iij. flor. xij. pat. vi. den. Arth.

Les Eſcuz de France,   iij. flor. xiiz. pat.

e grand Cruſart de Portugal de ſept pieces au marcq, peſant xxij
eſtrelins, xxviiz. aes eſcars,   xxxix. flor. xi. patars

e Mileres de Portugal de trente deux au marcq, peſant cincq
eſtrelins piece   viij. florins.

e demi Milleres de ſoixante quatre au marcq, peſant deux &
demi eſtrelins piece,   iiij. florins

Les deux cincquiesmes dudict Milleres de lxxx. au marcq, pesans deux
estrelins piece,   iii.flor.iiii.par.

Les doubles desdictz deux cincquiesmes   VI.flor.viii.pat.

Les doubles & quadruples desdictz deux cincquiesmies à l'aduenant.
Escuz de Portugal, à la courte croix de soix-
ante dix au marcq, pesans deux estrelins ix.
aes trebuchant, iii.flor.xiiii.p.vi.den.Arth.

Les aultres à la longue cro
de mesme poidz, iii. flo
xiii.pat.

Nobles à la rose d'Angleterre & aultres forgez au mesme pied, de trente
deux au marcq, pesans cincq estrelins piece,   viii.flor.xiii.pat.

Nobles à la rose d'Escosse.　　　　　vsij. flor. xiij. pat.

Le demy à l'aduenant.

gelotz d'Angleterre vieux de quarantehuict au marcq, pesans trois estrelins dix & deux tiers d'aes piece,　　　　　　　v. flor. xv. pat.

Noble Henricus de trentesix au marcq pesant quatre estrelins, quatorze
& demy aes piece escars,　　　　　　　　vij. flor. xiij. pat.

Les Iacobus d'Angleterre, & Rydres forgez au mesme
pied es prouinces vnies de vingt quatre, & huict
treiziesmes pieces au marcq pesant six & demy
estrelins piece,   x.flor.viij.pat.

Les Rydres forgez es Prouinces vniez.

Le Rydre d'or, de Gelre   x. flor. viij. pat.

Le Rydre d'or d'Hollande,   x. flor. viij.pat.

Les Ducatz d'Hongrie , Boheme & aultres forgez en Allemaigne , sur le pied d'Empire de soixante dix à soixante vnze au.
marcq, pesans deux estrelins , huict & demy aes trebuchant
iij. flor. xviij. pat.

Boheme, iij. flor. xviij. pat. Poloigne, iij. flor. xviij. pat.

Les Ducatz d'Allemaigne, iij. flor. xviij. pat.

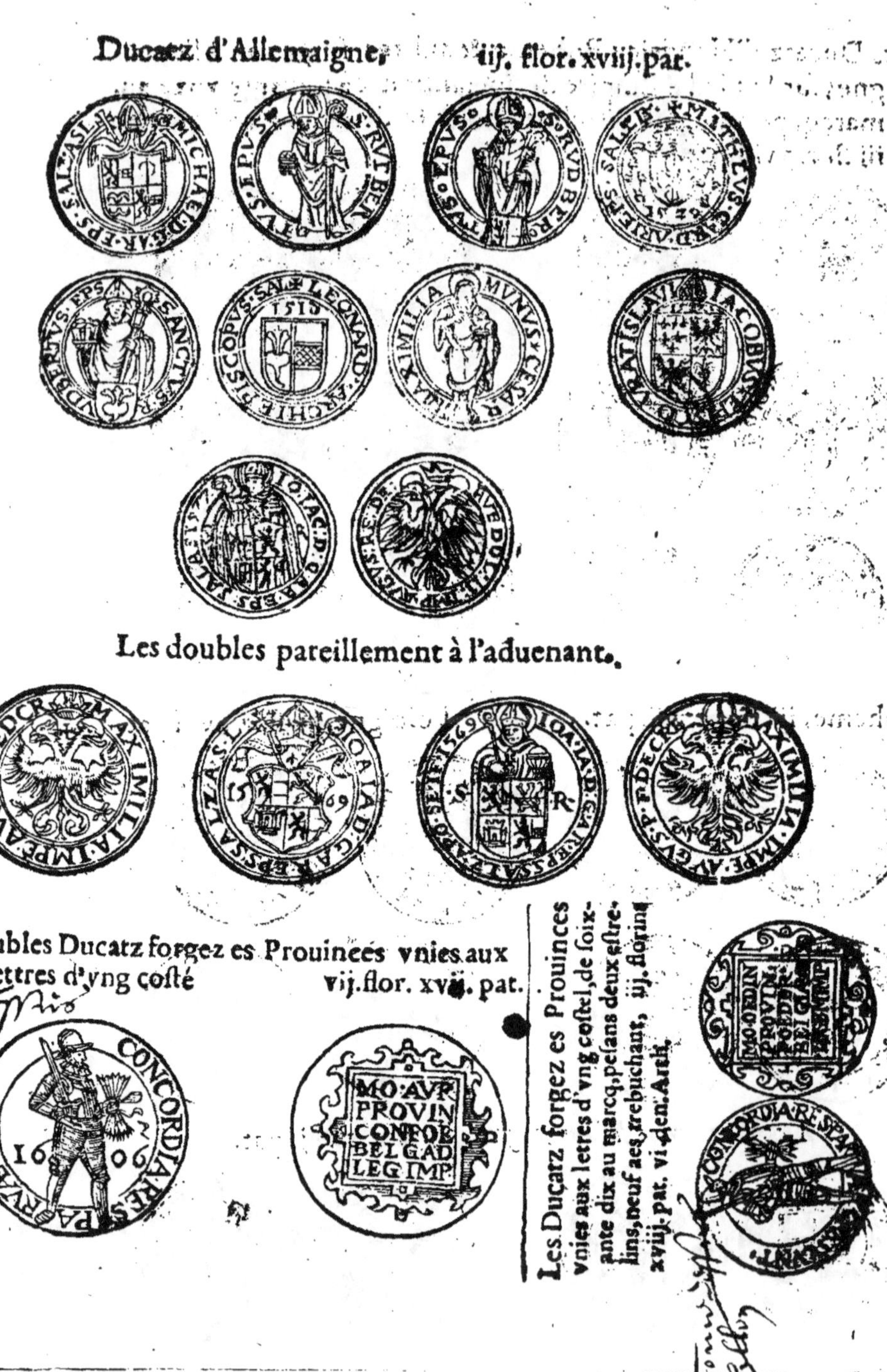

Ducatz d'Allemaigne, iij. flor. xviij. par.
Les doubles pareillement à l'aduenant.
Doubles Ducatz forgez es Prouinces vnies aux lettres d'vng costé vij. flor. xvij. pat.
MO·AVR PROVIN CONFOE BEL GAD LEG IMP
CONCORDIA RES PARVAE CRES 1600
Les Ducatz forgez es Prouinces vnies aux letres d'vng costel, de soixante dix au marcq, pesans deux estrelins, neuf aes, trebuchant, iij. florin xviij. pat. vi den. Arch.

Doubles Ducatz d'Italie,   vii.flor. xiiii.pat.

Les doubles Ducatz d'Italie   vij. flor. xiiij. pat.

Les Escuz d'Italie de soixante douze au marcq pesant deux estrelin
sept aes trebuchant,   iij. flor. ix. pat. vi. deniers Arth

Luca.
Venize.
E

Milan.   Sauoye.

Genua.   Lombardie.

Les doubles & quadruples à l'aduenant.

Les Florins d'Allemaigne & aultres forgez au mesme pied, de
soixante quinze, & quinze dixnetiesmes pieces au marcq, pesans,
deux estrelins, trois & demy aes trebuchant, ii. flor. xvi. pat. vi. deniers Arth.   Tirole.

Brandenbourch.

Les Florins d'or d'Allemaigne

Brandenbourch.

Mayence.

Coloigne.

Coloigne.

Saxe.

Les Florins d'Allemaigne,
Palatin.

ij. flor. xviz. par.
Franckfort.

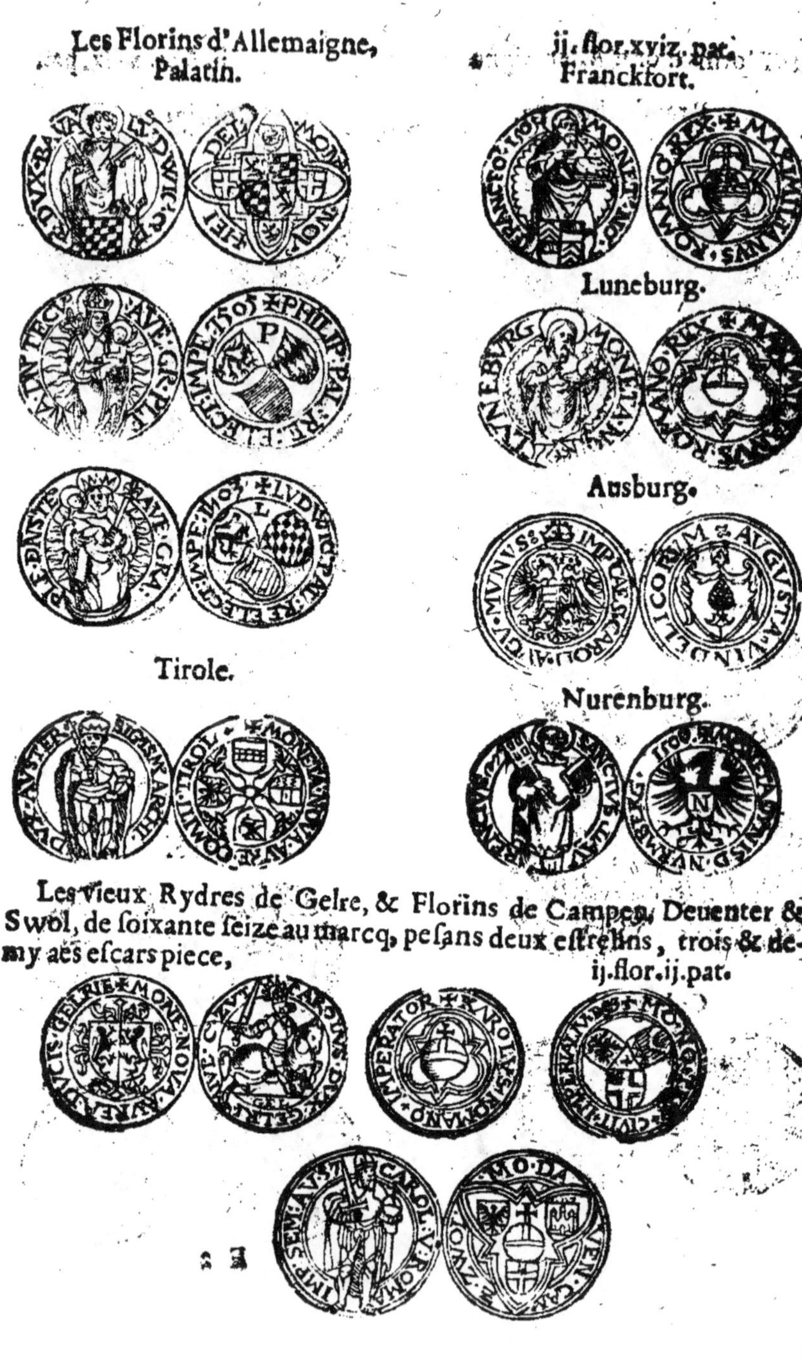

Luneburg.

Ausburg.

Tirole.

Nurenburg.

Les vieux Rydres de Gelre, & Florins de Campen, Deuenter &
Swol, de soixante seize au marcq, pesans deux estelins, trois & demy aes escars piece,

ij. flor. ij. pat.

nouueau Rydre de Gelre & Frife de foixante douze au marcq, pefant deux
eftrelins fept aes trebuchant, iij. flor. vij. pat. vi. deniers Arth.

s pieces de trois Reaulx de noz coings &
mes, de poidz & alloy deuant dict, pefans
eftrel. piece, au remede de trois aes, x v. p.

Les fingles Reaulx de mefme
coing & armes, pefans deux eftrelins piece,   v. pat.

Le demy Real   iiz. pat.

Le quart dudict Real, i. pat. i. liart.

double florin cydeuãt forgé à nofdicts coings & armes pefant dix fept eftrelins xxixz. aes trebuchant, au remede de fix aes fur piece, ij. flor. i. pat.

Le single Florin de la mesme forge   Autre demy florin de moindre all.
xxz. pat.   x. pat.

Le demy Florin,   x. pat.   Aultre quart pour v. pat.

Le quart dudict florin v. pat.   Huictiesmes dudict flor. iiz. pat.

Le Philippe Daldre pesant vingt deux estrelins, treize aes piece, au remede de huict
aes,   ij. flor. xij. pat.

Le seisiesme, i. pat. i. liart.

Le Demy Philippe Daldre pesant onze estrelins, six & demy aes, au remede
de quatre aes sur piece,   xxvj. pat.

Le cincquiesme part x. pat.   Le dixiesme part v. pat.

xx. part dudict Philippe iiz. pat.   Le quarantiesme part i. pat. i. liart

Florin Carolus pesant quatorze estrelins, trente aes trebuchant, au remede de six aes sur piece,   xxxiiij. pat. vi. deniers Art.

Le Daldre à la croix de Bourgoine forgé pardeça aux coings & armes
feue fa Maiefté Catholicque doiz l'An 1567. n'eftant contrefait, pefa
xix. eftrelins i. aes, au remede de fix aes,   ij. flor. vij. p

Les Reaulx d'Espagne de huict, pesans dix sept estrelins vingt-
cincq aes au remede de six aes sur piece,   ij. flor. vi. pat.

F

Reeulx d'Espaigne de quatre,   i.flor.iij. pat.

Et ceulx de deux à l'aduenant.

Singles Reaulx.   v.pat   Le demy iiz. pat.

Reaulx de Mexico de moindre alloy,   ij.flor.v.pat.

Et ceulx de quatre & deux pareillement à l'aduenant.
Les Francqz de France pesans neuf estrelins quatre aes, au remede
de quatre aes sur piece,   xxi. pat.

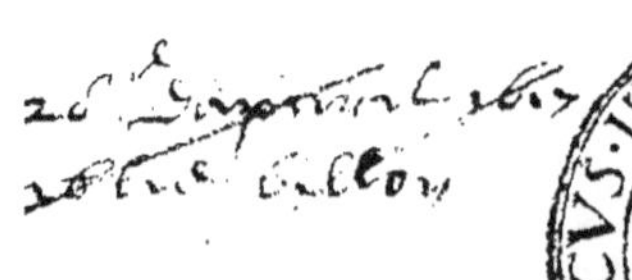

Les pattars de France, pour dix deniers Art. piece, à sçauoir six d'iceulx
pour v. pat.

Les Testons de France pesans six estrelins trois aes, au remede de trois aes
sur piece,   xv. pat.

Les quartz d'escuz de France pesans six
estrelins, huict aes, au remede de trois aes
sur piece,   xvi. pat.

Le demy à l'aduenant.

Les pieces de Liege Ernestus pesans
deux estrelins trente aes.   v. pat.

Le demy à l'aduenant.

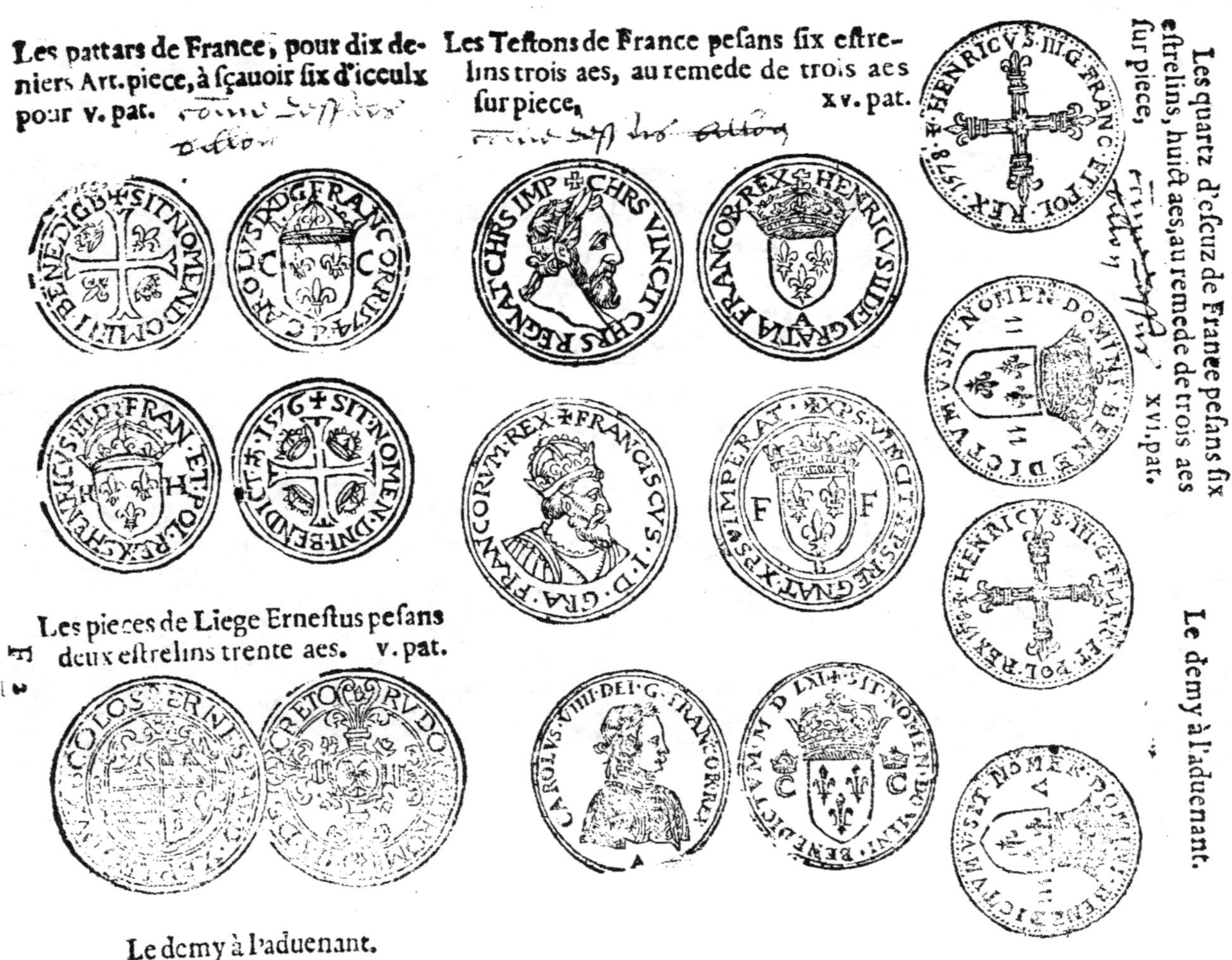

F 2

Daldres de Gelre & autres , forgez tant esdictz prouinces
vnies qu'alieurs,   ij. flor. viz. pat.

Les Daldres au Lion forgez esdictes prouinces pesans
dixhuict estrelins , au remede de semblables fix aes
xxxvij. pat. vi.den.Arth.
fur piece,

Les Daldres des Estatz forgez l'an 157. & 1578.
pesans vingt estrelins piece au remede de six aes
pareillement sur piece, ij. flor. i. pat. vi. n. Art.

Le demy à l'aduenant.

Le Rydre de Gelre & Frise pesant dixsept estrelins vingt aes au remede pareillement de six aes,   ii. flor. i. pat. vi. den. Arth

Le Daldre de Zelande à l'aigle d'vng costé, pesant treize estrelins, quatorze aes, au remede de quatre aes
sur piece,   xxviii. pat.

Le Daldre ou Florin de Frize forgé illecq pour vingt-
huict pattars piece pesant douze & demy estrelins, au
remede de quatre aes,   xxvi. pat.

Les folz d'Angleterre, pefans iiii. eftrel. piece au remede de ii. aes, x. pat.

Le demy à l'aduenant.
Le grand Real ainfi appellé & forgé efdictes prouinces vnies pefant
xxii. eftrelins treize aes, au remede de huict aes,   ii. flor. xii. pat

Et quant'au'x pieces de fix pat. forgez efdictes
Prouinces, l'vne parmy l'autre pour vz. pat.

Les vingtiefmes dudict Real diſtz aux fleches de haz
all oy, n'eftans par trop vlez,   ij. pat. fix den. Arch.

s liarts aux coings & armes de fa Maiefté pour douze mites , & les gigotz
pour vi. mites monnoye de Flandres.

Liarts & gigotz de leurs Altezes .

ubles deniers de cuiure pour viij. mites & les singles pour iiij.mites.

Liarts forgez à Boifleduc, Ruremonde & Maeftricht,comme aufsi tous
liardz de Liege de Neuers,& autres, au pris d'vn gigot.